콩알 하나에 무엇이 들었을까?

콩알 하나에 무엇이 들었을까?

2005년 2월 20일 초판 발행 ㅣ 2020년 6월 18일 개정판 1쇄 발행

지은이 이현주 외 ㅣ **그린이** 임종길
펴낸이 김기옥 ㅣ **펴낸곳** 봄나무 ㅣ **아동 본부장** 박재성
편집 한수정
영업 김선주 서지운 ㅣ **제작** 김형식 ㅣ **지원** 고광현 임민진
등록 제313-2004-50호(2004년 2월 25일)
주소 121-839 서울시 마포구 양화로11길13(서교동, 강원빌딩 5층)
전화 (02)325-6694 ㅣ **팩스** (02)707-0198
이메일 info@hansmedia.com

도서주문 한즈미디어(주)
주소 121-839 서울시 마포구 양화로11길13(서교동, 강원빌딩 5층)
전화 (02)707-0337 ㅣ **팩스** (02)707-0198

© 임종길 2005

ISBN 979-11-5613-142-7 73400

- 이 책 내용의 일부 또는 전부를 사용하려면 반드시 저작권자와 봄나무 양측의 동의를 얻어야 합니다.
- 책값은 뒤표지에 나와 있습니다.
- 이 도서의 국립중앙도서관 출판예정도서목록(CIP)은 서지정보유통지원시스템 홈페이지(http://seoji.nl.go.kr)와 국가자료종합목록 구축시스템(http://kolis-net.nl.go.kr)에서 이용하실 수 있습니다.(CIP제어번호 : CIP2020022735)

콩알 하나에 무엇이 들었을까?

이현주 외 지음 | 임종길 그림 | 권정생 서문

봄나무
Bomnamu Publishers

고마운 목숨들 이야기

　선생님 여섯 분이 좋은 이야기를 들려주셨습니다. 콩 한 알 이야기, 흙 이야기, 개복숭아, 각시붕어 이야기……. 모두 자연을 이루는 고마운 목숨들 이야기입니다.

　우리가 여태까지 알고 있던 자연 이야기는 아름답다거나 신비롭다거나 하는 막연한 것들이 많았습니다. 하지만 여기서는 자연 속에서 살아가는 하나하나의 목숨들이 어떻게 서로 도우며 사는지를 아주 자세하게 들려주고 있어요.

　콩 한 알 속에 단백질이 몇 퍼센트 들었는지, 지방질이 몇 퍼센트인지 따지는 것이 아니라, 그 속에 진정 무엇이 들었을까 생각해 본 것입니다. 거기에는 햇볕이 들어 있고, 바람도 들어 있습니다. 그래서 콩 한 알을 먹으면 하늘과 햇볕과 바람까지 먹는다는, 여태까지 몰랐거나 까맣게 잊고 있던 뜻을 깨닫게 됩니다.

똥은 버려지는 더러운 것이 아니라, 어떻게 해서 다시 우리 몸 속으로 들어오게 되는지 참된 이야기로 들려줍니다. 각시붕어와 조개가 어떻게 도우며 사는지 알고 나면 이 세상에 있는 자연은 모두 소중한 생명들로 이루어져 있다는 것을 새삼 생각하게 될 거예요.

이 책을 읽고 나면 바람 한 줄기, 풀 한 포기, 벌레 한 마리도 우리와 함께 살아가는 귀한 목숨이라는 걸 느끼게 될 것입니다. 온통 콘크리트와 아스팔트로 덮여 버린 도시에서 풀 한 포기, 새 한 마리 가까이 못 하는 요즘 아이들에게 참으로 소중한 생명 이야기가 되리라 생각합니다.

2005년 2월 3일 권정생

차례

콩알 하나에 무엇이 들었을까? 이현주 • 9

흙이 엄마야 원경선 • 25

똥이 되는 밥, 밥이 되는 똥 임재해 • 41

개복숭아 주인은 누구일까? 이상대 • 55

각시붕어랑 조개랑 권오길 • 61

논 이야기 서정홍 • 75

콩알 하나에 무엇이 들었을까?

옛 어른들은 하늘, 땅, 사람을 '천지인 삼재(天地人三才)'라고 해서,
우주를 이루는 세 기둥이라고 생각했어.
그러니까 콩알 하나에 하늘과 땅과 사람이 들었다는 말은
콩알 하나에 우주가 들어 있다는 말이 되는 거야.

콩알 하나에 무엇이 들어 있을까?

아마 나희는 콩알에 단백질이 들어 있고, 비타민이나 다른 무슨 영양소가 들어 있다고 배웠을 거야. 그래, 맞아. 콩알에는 우리 몸에 꼭 필요한 영양소가 들어 있지. 맞는 말이야.

그런데 혹시 이런 말은 들어 봤니?

"콩알 하나에 하늘과 땅과 사람이 들어 있다."

나는 어렸을 적에 아버지한테서 그렇게 배웠어. 콩알뿐만 아니라 사람이 먹는 모든 낟알 속에, 작디작은 좁쌀 안에도 하늘과 땅과 사람이 들어 있다는 거지. 저렇게 큰 하늘과 땅이 어떻게 좁쌀 한 알에 들어 있느냐고?

옛 어른들은 하늘, 땅, 사람을 '천지인 삼재(天地人三才)'라고 해서, 우주를 이루는 세 기둥이라고 생각했어. 그러니까 콩알 하나에 하늘과 땅과 사람이 들었다는 말은 콩알 하나에 우주가 들어 있다는 말이 되는 거야.

자, 그럼 어째서 콩알에 우주가 들어 있다고 하는 건지, 함께 생각해 볼까?

콩알은 혼자서 자라지 못한다

먼저 콩알 하나가 어떻게 해서 우리 앞에 있게 되었는지 알아보자.

잘 아는 대로 콩알은 콩깍지 안에서 익어 가. 콩깍지는 콩 덩굴에 맺히고 말이야. 콩 덩굴은 뿌리를 땅에 박고 위로 옆으로 뻗어 나가지. 무슨 말이냐 하면 아무것도 없는 데서 요술 부리듯이 콩알 하나가,

'짜잔!'

하고 나타난 게 아니라는 말이야.

콩알 하나가 있으려면 콩깍지가 있어야 하고, 콩깍지가 있으려면 콩 덩굴이 있어야 하고, 콩 덩굴이 있으려면 흙이 있어야 한다는 말이지.

　어디 그뿐일까? 아무리 흙이 있고, 콩 덩굴이 있고, 콩깍지가 있어도 햇볕이 없으면 그게 다 무슨 소용이겠어. 햇볕이 있어야 콩알이 익지. 햇볕이 있어도 그것만으로는 어림도 없어. 하늘에서 비가 내리지 않으면 땡볕에 말라 죽고 말 테니까.

　그럼 땅이 있고, 콩 덩굴이 있고, 햇볕이 있고, 빗물이 있으면 그것들만으로 콩 한 알이 생겨날 수 있을까? 아니야. 벌이나 나비가 없으면, 그래서 그것들이 꽃가루를 옮겨 주지 않으면, 콩알이 콩깍지 안에 나란히 맺힐 수 있을까?

　이렇게 생각하다 보면 우리는 아주 놀라운 사실을 알게 된단다. 콩 한 알을 세상에 생겨나게 하려고 하늘과 땅에 있는 모든 것들이 힘을 모으고 있다는 것을 말이야. 콩 한 알이 비록 작고 하찮아 보이지만, 알고 보면 온 우주가 도와서 만들어 내는 엄청난 작품이거든.
　콩알뿐만 아니라 우리가 먹는 모든 낱알이 저 혼자서 동그마니 생겨난 게 아니란 말이지.

콩알은 왜 열리나

콩에 생각하는 머리가 있다고 상상해 봐. 그래서 누가 콩한테,

"넌 왜 자라서 꽃을 피우고 열매를 맺니?"

하고 묻는다면 뭐라고 대답할까?

"응, 너 같은 사람들 먹여 살리려고."

이렇게 대답할까?

아마 아닐 거야. 콩이 콩알을 맺는 것은 사람이나 새들에게 먹잇감이 되어 주기 위해서가 아니야. 사람들이 콩을 먹지 않아도 콩알은 맺힐 테니까. 그리고 사람이 살지 않는 무인도에서도 콩알은 콩깍지 안에서 익어 갈 테니까. 만약에 사람들을 먹여 살리려고 콩알을 맺는 것이라면, 먹을 사람이 없는 무인도에서 수고스럽게 뿌리를 뻗고 꽃을 피우고 그럴 까닭이 없지 않겠니?

그럼 콩은 왜 콩알을 맺는 걸까?

콩알 안에는 씨눈이 있어. 씨눈은 콩알 속에 꼭꼭 숨었다가 겨울이 지나고 봄이 되면 뿌리를 내고 싹을 틔워 새로운 콩으로 자라나지. 그러니까 콩이 콩알을 맺는 까닭은 짐승이나 사람을 먹여 살리려는 게 아니라 자기 자신이 살아남기 위해서라는 얘기지.

달걀 안에 노른자와 흰자가 있고 씨눈이 있는 건 알지? 어미 닭이 달걀을 품어 따뜻하게 해 주면, 씨눈이 노른자와 흰자를 먹고 자라나 병아리가 되잖아.

콩알도 좁쌀도 마찬가지야. 낟알 속에 있는 씨눈이 저를 감싸고 있는 영양소를 먹고 자라나 때가 되면 뿌리를 내고 싹을 틔우는 거야. 말하자면 콩알 하나에는 새로 태어날 아기 콩알이 먹고 자랄 영양소가 들어 있는 것이지. 그러니까 콩알은 콩의 양식인 셈이야.

사람이나 짐승은 풀도 먹고 고기도 먹지만, 풀은 풀도 못 먹고 고기는 더군다나 못 먹잖아. 그래도 살아 있는 생명이니까 뭔가를 먹어야 하지. 무엇을 먹든 먹어야 살게끔 되어 있는 것이 생명의 법칙이니까.

그럼 풀은 무얼 먹고 살까?

풀도 우리처럼 물도 먹고 공기도 마셔. 그런데 사람이나 짐승은 못 먹는 것 하나를 풀은 먹는단다. 그게 뭘까?

 그래, 바로 햇볕이야. 해에서 나오는 기운을 먹는 것이지. 사람이나 짐승들도 해에서 나오는 기운을 먹어야 살게끔 되어 있거든. 해가 없다면 땅 위에 있는 모든 식물과 동물이 하룻밤 사이에 죽고 말 거야. 해에서 나오는 기운이야말로 물과 공기처럼, 모든 생명을 살리는 가장 중요한 요소 가운데 하나란다.

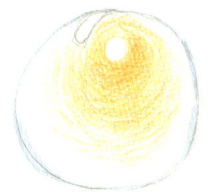

 그 중요한 해 기운을 사람이나 짐승들은 곧장 받아먹지 못하게 돼 있어. 그런데 풀은 그럴 수 있거든. 뿐만 아니라 햇볕이 들어가지 못하는 땅 속에서도 먹을 수 있도록 해 기운을 열매 속에 저장해 두지.

 그러니까 콩알은 콩알의 씨눈이 먹을 해 기운 덩어리인 셈인데, 사람들이 그것을 먹는 거야. 다시 말하면 해 기운을 곧장 먹지 못하는

사람이나 짐승들이 풀을 통해서 해 기운을 먹는다는 말이지.

자, 얘기가 좀 길어졌지만, 왜 콩알에 하늘이 들어 있다고 하는지 이제 좀 알겠지? 콩알에 땅 기운이 들어 있는 것은 더 말하지 않아도 알 수 있을 거야.

거기에다가 콩알 하나가 우리 몸으로 들어오려면 사람의 기운이 반드시 필요하단다. 농사짓는 사람도 있어야 하고, 장사하는 사람도 있어야 하고, 그것으로 음식을 만드는 사람도 있어야 하니까.

이렇게 콩알 하나에 하늘 기운, 땅 기운, 사람 기운이 들어 있기에 옛 어른들은 콩알 하나에 '천지인 삼재(天地人三才)'가 들어 있다고 하셨던 거야.

밥을 먹는 것은 하늘, 땅, 사람을 모시는 것

밥이 목구멍으로 넘어가는 순간, 그것은 우리가 살아가는 데 필요한 기운으로 바뀌기 시작해. 그걸 두고 우리는 소화한다고 말하지. 콩알 하나에 들어 있던 하늘 기운, 땅 기운, 사람 기운이 우리 몸 속에서 부서지고 녹아서 살도 되고, 피도 되고, 뼈도 되고, 힘도 되는 거야.

그러기에 밥을 먹는 것은 하늘 기운, 땅 기운, 사람 기운을 우리 몸에 모시는 것이란다. 달리 말하면 하늘 기운, 땅 기운, 사람 기운이 우리 몸을 통해서 살아가도록 해 드리는 거야.

김지하 선생님이 쓰신 시 한 편을 소개할게. 읽어 보고 밥 한 그릇을 먹을 때 어떤 마음으로, 어떤 몸가짐으로 먹어야 할 것인지 생각해 보렴.

밥이 하늘이다

밥이 하늘입니다.
하늘을 혼자 못 가지듯이
밥은 서로 나눠 먹는 것
밥이 하늘입니다.
하늘의 별을 함께 보듯이
밥은 여럿이 갈라 먹는 것
밥이 하늘입니다.
밥이 입으로 들어갈 때에
하늘을 몸 속에 모시는 것
밥이 하늘입니다.
아아, 밥은 모두 서로
나눠 먹는 것.

흙이 엄마야

콩알 반쪽밖에 안 되는 흙 속에도 눈에 안 보이는 미생물이
무려 2억 마리나 살고 있대. 개미도 살고, 지렁이도 살고,
그 밖에 이름 모를 벌레들이 어마어마하게 살고 있거든.
지구에 사는 사람을 모두 합친 것보다 많은 생명이
흙 한 줌 속에 살고 있는 거야.

두꺼비집 만들어 본 적 있지?

'두껍아 두껍아, 헌 집 줄게 새집 다오.'

이런 노랫말을 흥얼거리면서 말이야. 한 손을 흙에 묻고, 다른 한 손으로는 흙을 톡톡 두드리는 거지. 한참 하다 보면 봉긋한 흙집이 만들어져. 두꺼비가 들어가 살 정도로 아담한 흙집이 말이야.

두꺼비집을 만들다가 엄마한테 혼나 본 친구도 있을 거야. 엄마들 가운데는 아이들이 흙 만지며 노는 걸 싫어하는 분들이 많거든. 흙을 갖고 놀면 손도 더러워지고, 옷도 더러워지고, 몸에 묻혀 들어오기라도 하면 집도 더러워진다고 말이야. 아마 흙이 더러운 거라고 생각해서 그렇겠지.

그런데 정말 그럴까? 흙은 더럽고 쓸모없는 먼지덩이에 지나지 않는 걸까? 그런가 안 그런가 나하고 같이 알아보자.

밭도 좋고 논도 좋아. 아파트가 많은 동네에 살면 화단도 좋고, 화분도 좋아. 흙 속에 손을 넣고 한 줌 집어 올려 보는 거야.

이제 손을 펴 봐. 흙 속에 뭐가 보이니? 흙 알갱이 말고는 아무것도 안 보인다고? 그럴지도 몰라. 하지만 말이야. 너희가 집어 든 흙 한 줌이 사실은 수많은 생명이 꿈틀거리고 있는 작은 우주란다.

자, 봐. 콩알 반쪽밖에 안 되는 흙 속에도 눈에 안 보이는 미생물이 무려 2억 마리나 살고 있대. 그러니 밭이나 산에 있는 흙이라면 더 많은 친구들이 살고 있겠지. 개미도 살고, 진드기도 살고, 꿈틀꿈틀 움직이는 지렁이도 살고, 그 밖에 이름 모를 벌레들이 어마어마하

게 살고 있거든. 지구에 사는 사람을 모두 합친 것보다 많은 생명이 흙 한 줌 속에 살고 있는 거야.

나도 모르게 하찮게 여긴 흙 한 줌, 정말 엄청나지 않니?

네가 살아야 나도 살아

"우와! 고만큼밖에 안 되는 흙 속에 그렇게 많이 살아요? 그럼 얼마나 복닥복닥 시끄러울까요? 서로 싸우기도 할 거고."

그렇겠지? 그런데 참 놀라운 게 있어. 흙 한 줌 속 생명들이 아옹다옹 살수록, 흙 한 줌 속 세상은 점점 더 살기 좋은 곳이 된다는 거야.

그렇다고 일부러 마음먹고 그러는 건 아니야. 그냥 자기 좋을 대로 사는 건데, 그게 서로를 이롭게 하거든. 어떻게 살기에 그럴 수 있을까?

가을이 오면 나뭇잎이 떨어지잖아. 나뭇잎은 미생물이 좋아하는 먹잇감이야. 배고팠던 미생물은 맛있게, 배부르게 나뭇잎을 먹어. 미생물이 먹고 내뱉은 나뭇잎은 썩어서 흙 속으로 스며들지. 썩은 나뭇잎은 흙을 아주 기름지게 만들거든. 영양가를 듬뿍 머금은 좋은 흙이 되는 거야.

이 영양분을 또 풀하고 나무가 빨아먹어. 그래서 맛있는 산나물도 되고, 열매가 주렁주렁 달린 나무로 자라나는 거지. 시간이 지나면 다시 가을이 오고 겨울이 오잖아. 풀도 마르고 나뭇잎도 떨어지겠지. 그럼 배고픈 미생물이 그것들을 먹는 거야. 삶이 되풀이되는 거지.

지렁이는 또 어떻고. 지렁이는 '자연 쟁기'야. 지렁이가 꾸물꾸물 움직일 때마다, 그리고 몸을 배배 꼬고 뒤집을 때마다 흙을 부슬부슬하게 만들거든. 마치 농부 아저씨들이 씨뿌리기 전에 쟁기로 땅을 가는 것처럼 말이야.

지렁이가 흙 속에서 돌아다니면 여러 갈래 길이 생긴단다. 그 길을 따라서 공기가 들어가는 거야. 비가 오면 물방울도 졸졸 흘러들어가고. 지렁이가 애쓴 덕에 풀뿌리, 나무뿌리들이 숨을 쉴 수 있는 거야. 물도 마실 수 있는 거지.

지렁이는 또 '자연 퇴비'이기도 해. 지렁이는 입으로 흙을 삼키는데, 삼킨 흙 가운데 나뭇잎과 풀 조각만 골라 먹고 나머지는 꼬리로 내보내거든.

그렇게 나온 게 바로 '지렁이 똥'이야. 흙에서 자라는 모든 식물에게 지렁이 똥은 영양 많은 퇴비가 된단다. 지금도 수많은 지렁이들이 땅 속에 살아서, 우리는 더 싱싱한 채소와 과일을 먹을 수 있는 거야. 더 향긋한 풀꽃 냄새를 맡을 수 있는 거지.

흙 속 생명들은 이렇게 살아. 알게 모르게 서로를 이롭게 하면서 말이야.

흙이 엄마야

그러니까 흙이 없으면 아무것도 살 수 없어.

생각해 봐. 풀잎이랑 나뭇잎을 먹어야 미생물도 살고 지렁이도 살잖아. 미생물하고 지렁이가 살아야 기름진 흙도 되고 말이야. 또 흙이 기름져야 풀하고 나무도 쑥쑥 자라서 꽃도 피우고 열매도 맺지.

그래서 흙을 일컬어 모든 생명을 낳고 키우는 어머니라고 하는 거야. 그 가운데서도 '사람의 어머니'라고 하는 것이란다.

그럼 흙이 없다면 어떻게 될까?

너희들이 좋아하는 딸기, 사과, 포도 같은 과일도 못 먹을 거야. 물론 밥도 먹지 못하겠지. 집 지을 나무가 없을 테니까, 겨울에도 오들오들 떨면서 지내야 할 거야. 흙이 없으면 실 잣는 솜도 구할 수 없으니까, 발가벗고 살아야 할지도 모르는 일이지. 먹는 것, 자는 것, 입는 것 가운데 어느 것 하나 얻을 수 없는 거야.

흙에 사는 미생물만 해도 그래.

"애걔, 눈에도 안 보이는 미생물 한 마리 없다고 뭐가 달라지겠어요?"

누가 이렇게 말할 수도 있지만, 그게 아니거든.

풀뿌리, 나무뿌리가 흙 속 영양분을 먹을 때는 흙에 든 미생물도 같이 먹는 거야. 풀이 나물이 되고, 벼가 되어도 그 안에는 미생물이 들어 있다는 이야기지. 사과나무에 주렁주렁 사과가 열려도 그 안에는 벌써 미생물이 사는 것이란다.

엄마가 흙에서 자란 쌀과 나물과 과일을 먹으면, 그 속에 있던 미생물이 엄마 몸 속으로도 들어가는 거야. 너희가 아기였을 때 먹은 엄마 젖에도 흙 속 미생물이 살고 있었어. 그러니 엄마 젖을 먹고, 흙에서 난 음식을 먹고 자란 너희들 몸 속에도 미생물이 살고 있는 거지.

　이렇게 우리 몸은 미생물로 이루어져 있어. 우리 몸이 바로 미생물 덩어리인 셈이야. 우리 몸에 미생물이 많이 살수록 우리는 더욱 튼튼해진단다.
　미생물은 엄마 젖으로, 쌀로, 채소로, 과일로 우리 몸에 들어와서 마침내 우리 몸을 이루었어. 그러니 미생물이 사는 흙이야말로 '사람의 어머니'가 되는 것이지.

미생물 한 마리 목숨이 바로 내 목숨

흙이 귀하고, 흙 속 미생물이 귀하다면 어떻게 해야 할까?
　그래, 미생물을 죽이면 안 되겠지. 한 마리라도 잘 살 수 있도록 우리가 도와야 하는 거야. 미생물 한 마리 한 마리가 내 몸이다 생각하고 아껴야 된단다.

　내가 아는 어떤 사람은 겨울에 세수하고 남은 뜨거운 물도 절대 밭에는 버리지 않는다는구나. 밭에 사는 미생물이 죽는다면서 말이야. 너무 작아서 눈에 안 보이더라도 죽이지 않으려고 늘 조심하는 거지. 미생물 한 마리 목숨이 자기 목숨하고 같으니까 뭐든 함부로 못 하는 거야.

　'화학비료'라고 있어. 쌀과 채소를 많이 거두려고 안 좋은 걸 막 섞어서 만든 비료란다. 이걸 밭에다 많이 뿌리면 흙이 견뎌 내지 못해. 미생물도 다 죽어 버리고 말이야. 많이 거두려고 욕심부리다가 생명을 다 죽이는 꼴이야.

농사란 게 생명을 길러서 생명을 먹여 살리자고 하는 건데, 화학 비료를 써서 미생물을 죽이고 흙까지 죽이면 어떻게 되겠어? 말할 것도 없이 사람도 결국 병들어 버리겠지.

 그래서 '유기질 비료'를 줘야 해. 유기질 비료는 똥이나 볏짚, 풀 같은 걸 섞어 만든 퇴비를 말해. 퇴비는 미생물을 죽이는 게 아니라, 미생물이 좋아하는 먹이가 되거든.

 채소를 심었을 때는 사람 똥이나 닭똥을 주면 좋아. 토마토나 가지처럼 열매를 맺는 식물한테는 뼛가루를 뿌려 주면 아주 좋아한단다. 닭똥은 그냥 주면 너무 독해서 꼭 말려서 줘야 해. 사흘만 말리면 미생물도 좋아하고 흙도 좋아하는 퇴비가 되지.

 한 줌 흙이 얼마나 귀한지, 그리고 미생물 한 마리가 얼마나 귀한지 이제 좀 알겠지? 그럼 흙 한 줌을 아끼고 사랑한다는 것은 곧 사람을 아끼고 사랑한다는 말하고 같은 뜻이란 것도 알겠니? 흙을 사랑한다는 것은 흙 속 생명들을 사랑한다는 뜻이 되잖아. 또 미생물 같은 흙 속 생명을 사랑한다는 것은 미생물로 이루어진 사람을 사랑한다는 뜻하고 하나도 다르지 않으니까.
 아무렴, 이로운 미생물이 바글거리는 세상일수록 사람도 건강하게 살 수 있는 세상이고말고. 이게 할아버지가 흙 한 줌을 가지고 너희에게 꼭 들려주고 싶은 말이었단다.

똥이 되는 밥, 밥이 되는 똥

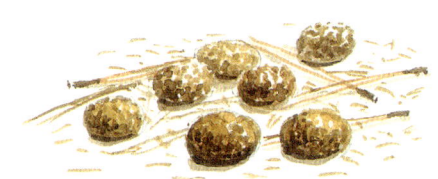

사람이 눈 똥오줌은 맛있고 영양 많은 밥이 된단다. 누구한테?
벼나 보리처럼 논밭에서 자라는 여러 친구들한테.
논밭 친구들이 먹는 밥이란 바로 '거름'을 말해.
우리가 눈 똥오줌이 뒷간에서 거름이 되었다가
논밭 친구들의 밥이 되어 나가는 거지.

"거봐, 내 말이 맞지?"

"……"

"빨리 내놔, 내가 이겼잖아!"

"……그래, 니 똥 굵다!"

친구하고 다투던 어릴 적 기억 한 토막이야. 누가 맞나 내기를 해서 지게 되면, 분한 걸 못 참고 툭 내뱉던 말이지.

여기서 네 똥이 굵다는 것은 '대단히 장하다'는 뜻이 들어 있어. 왜냐하면 몸이 튼튼해서 힘이 넘치는 사람이 누는 똥은 굵기 마련이거든. 똥이 바나나처럼 굵직하게 나오지 않고 국수 가락처럼 가늘게 나오면 몸이 안 좋다는 신호야. 노루 똥이나 토끼 똥처럼 알맹이가 되어 나와도 마찬가지지.

그런데 그 말을 들은 친구는 얼굴이 붉으락푸르락해져. 꼭 참기 힘든 욕이라도 들은 것처럼 말이야. 똥이 굵으면 몸이 튼튼하다는 뜻인데, 왜 기분이 나빠지고 욕을 먹었다는 생각이 먼저 드는 걸까? 우리는 언제부터 똥이 그렇게 부끄러워졌지? 우리가 날마다 누는 똥, 그 안에는 어떤 비밀이 숨어 있을까?

밥은 줘도 똥은 못 줘

사람은 밥을 먹고 똥을 누며 살아. 밥을 먹으면 어김없이 똥이 되어 나오는 법이니까.

밥이 들어가는 곳이 입이라면 똥이 나오는 곳은 항문이야. 그러고 보니 밥이 들어가는 입하고 똥이 나오는 항문은 기다랗게 이어진 통로가 되겠네. 콩 심은 데 콩 나고 팥 심은 데 팥 나는 것처럼 밥을 넣으니까 똥이 나오는 걸 보면, 혹시 밥하고 똥은 같은 게 아닐까? 물론 모양도 다르고, 색깔도 다르고, 냄새는 더더욱 다르지만…….

옛날 어른들은,

"밥은 줘도 똥은 못 줘."

할 만큼 똥을 귀하게 여겼어. 모으고 썩힌 똥이 많으면 많을수록 부지런한 농사꾼이라는 말을 들을 정도였다니까.

옛날 옛날에 어떤 여자가 시집을 갔어. 시어머니는 돌아가셨고, 시아버지하고 남편은 농사지을 땅이 없어서 가난하게 살았대. 그러다 보니 어떤 날은 하루에 한 끼밖에 못 먹기도 했다는구나. 땅이 없는 농부는 일자리가 없는 사람이나 다름없거든.
참다못한 며느리가 시아버지에게 말했어.
"이대로는 안 되겠어요. 이제부터 제가 살림을 꾸려 보겠습니다."
"먹고살 수만 있다면 누가 한들 어떻겠느냐."

"그럼 아버님도 제가 시키는 대로 하실 수 있겠지요?"

"걱정 말아라. 못할 까닭이 없지."

"서방님도 할 수 있지요?"

"무슨 일이든 해야 되지 않겠소."

"그럼 아버님은 오늘부터 개똥을 한 소쿠리씩 주워 오시고, 서방님은 소똥을 지게로 한 짐씩 주워 오세요. 아시겠어요?"

"아무렴, 부지런히 다녀야겠지만……."

이렇게 해서 남편은 하루에 한 짐씩 소똥을 주워 오고, 시아버지는 개똥을 한 소쿠리씩 주워 모으기 시작했어. 한 달이 지나고 두 달이 지나자 똥 더미는 점점 수북해졌어. 그 해 겨울에는 담장을 훌쩍 넘어 산더미처럼 되었단다.

그러자 똥 더미를 탐내는 사람이 나타났어. 땅도 많고 돈도 많은 이웃 마을 사람이었지. 그 사람은 이렇게 생각했어.

'저 똥을 우리 논밭에 주면 농사가 얼마나 잘 될까?'

하지만 돈을 주고 살 생각은 눈곱만큼도 없었어. 소문난 욕심쟁이였거든.

그 사람은 몇 날 며칠 끙끙 앓듯 생각하다가,

'안 되겠어. 무슨 일이 있어도 저 똥은 우리 논밭에 줘야 돼.'

이렇게 마음먹고 남편을 불렀어.

"이 사람아, 내년 봄부터 우리 논을 좀 부칠 수 있겠는가?"

"예……? 정말이요?"

남편은 곧장 집으로 가서 말을 전했어. 말없이 듣고만 있던 며느리의 눈이 반짝 빛났지. 그러고는 다시 한 번 다짐받듯 일렀어.

"가서 말씀하세요. 내년에 농사를 지으려면 잘 먹고 기운을 차려야 하니까 겨울에 먹을 쌀을 대 주면 하겠다고 말이에요."

시아버지도, 남편도 이제 끼니를 거르지 않아도 되었어. 지혜로운 며느리 덕에 겨울에 먹을 쌀도 얻었고, 이듬해부터는 농사도 지을 수 있게 되었으니까.

이야기를 읽어 보면 며느리가 한 일이라고는 길에 굴러다니는 똥을 모으게 한 것뿐이야. 그런데 며느리는 똥의 비밀을 모두 알고 있었나 봐. 밥을 먹으면 똥이 되어 나오는 것처럼 똥도 밥이 된다는 비밀을 말이야.

똥이 밥이 된다

요즘 우리는 '물 내리는 똥 받이'에 앉아서 똥을 눠. 누고 나서 단추를 누르거나 손잡이를 내리면 물이 쏴아, 하고 나와서 씻어 내지. 잠깐 사이에 똥이 눈앞에서 사라져 버려. 그 똥이 어디를 거쳐서 어디로 가는지 궁금했던 적 있니? 아마 어두컴컴한 정화조와 하수도를 거쳐서 강물하고 섞이겠지.

사람이 살려면 깨끗한 물이 꼭 있어야 돼. 우리가 마시는 물은 우리 땅에 흐르고 있는 강물이지. 그 강물을 깨끗이 걸러서 먹는 거야. 그런데 집집마다 나오는 똥이 강으로 흘러가서 강물은 갈수록 똥물이 되고 있어. 밥은 자꾸 똥이 되어 나오는데, 똥은 밥이 되는 게 아니라 똥물이 되는 거지.

그 물을 길어다가 그냥 먹을 수 있어? 아무리 약을 타고 거른들 얼마나 깨끗해질까? 그 물을 누가 먹지? 맞아, 우리가 먹는 거야.

우리네 옛 어른들은 똥 누는 데를 '뒷간'이라고 했어. 말 그대로 뒤를 보는 곳이지. 언뜻 보면 빠지기라도 할까 봐 겁도 나. 큼직한 똥구덩이 위에 나무판자를 덮고 큰 돌로 눌러 놓은 걸 보면 말이야. 그래도 똥구덩이만은 넉넉하고 튼튼하게 만들었단다.

뒷간이 좀 지저분하고 아슬아슬한 것도 다 까닭이 있어. 똥구덩이에 공기가 잘 통해야만 똥이 잘 썩어서 좋은 거름이 되거든. 또 필요할 때 쓰려면 쉽게 퍼낼 수 있어야 되잖아.

뒷간에서 똥을 누면 냇물로, 강으로 흘러가지 않고 점점 쌓이게 돼. 구덩이가 가득해질 때까지 버리지 않고 쌓아 두는 거지. 다 차면 퍼내야 할 텐데, 그럼 똥은 어디로 가는 걸까?

자, 봐. 사람이 눈 똥오줌은 맛있고 영양 많은 밥이 된단다. 누구한테? 벼나 보리처럼 논밭에서 자라는 여러 친구들한테. 논밭 친구들이 먹는 밥이란 바로 '거름'을 말해. 우리가 눈 똥오줌이 뒷간에서 거름이 되었다가 논밭 친구들의 밥이 되어 나가는 거지.

이렇게 똥거름을 먹고 자란 논밭 친구들이 다시 밥이 되어서 되돌아온단다. 무엇이 되어서 어디로 오냐고? 쌀이나 보리, 채소가 되어서 우리들 입 속으로. 밥을 먹고 항문으로 나간 똥이 뒷간에서 거름이 되었다가, 다시 논밭의 곡식으로 자라서 우리들 입 속으로 들어오는 거야.

어때, 비밀이 조금씩 풀리고 있지? 밥이 똥이 되는 것처럼, 똥 역시 밥이 되는 거야. 그러니 똥거름으로 농사짓는 농부들 마음이나 똥거름을 먹는 논밭 친구들 마음이나 다르지 않아. 밥이 곧 똥이고 똥이 곧 밥이니까.

그럼 요즘처럼 똥을 물로 씻어 강에다 버리면 논밭 친구들은 무얼 먹고 살까?

아마 농약도 먹고, 화학비료도 먹으면서 살고 있겠지. 그렇게 자란

열매를 또 누가 먹지? 말할 것도 없이 우리가 먹는단다. 그러니 똥이 밥이 되어 돌아오지 않으면 모두가 슬퍼질 수밖에 없는 거야. 논밭 친구들도 슬퍼지고, 흙도 슬퍼지고, 흙에 사는 미생물도 슬퍼지고, 강물도 슬퍼지고, 마침내 우리 몸도 슬퍼지는 것이지.

이제는 밥이 아니라 똥이 문제야. 밥은 어김없이 똥이 되는데, 똥은 밥이 되지 않으니까. 모두들 먹는 것에만 관심이 많고, 똥은 우습게 알아. 밥이 몸에 피가 되고 살이 되는 건 알지만, 똥이 얼마나 귀한지는 까맣게 잊고 지낸단다.

누구나 똥을 보면 더럽다며 눈을 돌려. 구린내가 난다며 코를 막지. 그러고는 문을 꼭꼭 걸어 잠그고, '물 내리는 똥 받이'에 앉아서 아무도 모르게 내다 버리는 거야.

이 어려운 문제를 누가 풀어야 할까? 그리고 어떻게, 어디서부터 풀어 가야 할까? 누구든 먹어야만 살 수 있고, 이 세상에 똥 안 누고 사는 사람은 아무도 없는데 말이야.

똥을 밥으로 섬기며 농사지은 우리네 옛 어른들 마음이 떠오르네. 그 마음속에 좋은 길이 있을 것 같은데, 너희들은 어떻게 생각하니?

개복숭아 주인은 누구일까?

개복숭아 붉게 익으면 주인이 어디 따로 있나요?
이 없는 어머니 드시기 좋겠다며 아랫말 김 서방도 따 가고,
이쁜 막내딸 생각에 윗말 최 서방도 따 가고, 허기진 동네 아이들도
저 먹을 만큼 따서 맛나게 먹었어요.

낮은 산 둘러보면 드문드문 산복숭아나무 자라납니다.
복숭아는 복숭아인데, 꼭 애기 불알만 하다고 해서
흔히들 '개복숭아'라고 하지요.
아무리 못나고 볼품없어도
맛 하나는 새콤달콤 기가 막혀요.

개복숭아 붉게 익으면 주인이 어디 따로 있나요?

이 없는 어머니 드시기 좋겠다며 아랫말 김 서방도 따 가고,

이쁜 막내딸 생각에 윗말 최 서방도 따 가고,

허기진 동네 아이들도 저 먹을 만큼 따서 맛나게 먹었어요.

어디 사람뿐인가요, 심식나방 애벌레도 끼어 있지요.

야금야금 속살 먹으며 엄마 닮은 날개를 꿈꾸었을까요?

절로 익은 놈 땅바닥에 떨어지면

개미에 꽃무지, 부전나비, 말벌까지 모여들어 그런 잔치가 없지요.

낌새 알아채고 개구리 알짱거리면, 뒤따라 뱀도 기웃거렸고요.

그렇게 제 살 나눠 주고 복숭아 씨 묻힌 자리에는

이듬해 어김없이 어린 나무 이파리가 돋아났어요.

아무도 주인처럼 굴지 않아 생겨난 그대로 살아가는 곳,

그곳에선 여름 내내 쓰름매미 노래 시원하지요.

애당초 그래야 옳지요.

천년만년 숲과 벌레가 지켜 온 세상,

주인이 따로 있을 까닭이 어디 있겠어요.

그런데도 개복숭아가 사람 것이라니,

이 세상이 오직 사람 것이라니,

지렁이도 알고 개미도 아는 것을 사람만 모른다고,

강도 알고 땅도 아는 것을 사람만 모른다고,

낮은 산자락 산복숭아나무 오늘도 바람에 흔들립니다.

각시붕어랑 조개랑

각시붕어와 조개, 그 둘은 서로에게 너무나 소중하단다.
어느 하나가 사라지면 둘 다 자손을 퍼뜨리지 못하고 이 땅에서 사라질
테니 말이야. 강물에 조개가 없으면 각시붕어도 없어. 물이 더러워져서
각시붕어가 강을 떠나면
조개도 뒤따라서 어디론가 사라질 거야.

가만히 물 속 세상을 들여다보자.

붕어마름이나 말즘 같은 물풀이 나 있고, 돌멩이에는 이끼가 끼어 있어. 이끼를 먹고 사는 고둥도 보이고, 곤충들의 애벌레도 돌 밑에 오글오글 살고 있어. 어린 애벌레를 잡아먹는 물고기도 이리저리 바쁘게 들락거리지.

물 속에는 식물성 플랑크톤도 살고, 그걸 먹는 동물성 플랑크톤도 살고 있어. 그것들을 아가미로 걸러 먹고 사는 조개도 한몫을 차지하고 있지.

이 세상에 어디 혼자 사는 게 있을까? 작은 물 속 세상만 봐도 알 수 있어. 모두들 어울려 살면서 물 속 생태계를 이루고 있지. 서로 먹고 먹히고, 죽고 죽이는 걸 보면 무섭기도 하지? 하지만 그마저도 아주 자연스러운 모습 가운데 하나거든.

왜 이런 이야기를 하냐고?

이 세상의 모든 생물들은 저 혼자 뚝 떨어져 사는 게 아니란 걸 이야기하려고 그래. 뿐만 아니라, 일찍이 남과 함께 사는 지혜를 배운 생물이 우리 곁에 많다는 것도 나누고 싶어서란다.

우리나라에만 사는 예쁜 물고기

우리나라의 물 속 세상에도 물고기하고 조개가 함께 살고 있어. 그런데 물고기 가운데는 조개가 없으면 아예 못 사는 친구들이 있단다. 누구일까?

납자루 무리 열두 종하고 중고기 무리 두 종이 바로 그 친구들이야. 그 가운데 납자루 무리 속 '각시붕어'는 우리나라에만 살고 있는

예쁜 물고기란다. 각시붕어는 반드시 알을 조개의 몸 속에다 낳아야 한대.

조개 몸에는 물이 들어오고 나가는 작은 구멍이 두 개 있어. 알 낳을 때가 된 각시붕어 암컷은 '알관'을 길쭉하게 늘여서 조개 구멍에다 넣고 알을 낳지. 납자루 무리는 물이 나오는 구멍에다 낳고, 중고기 무리는 물이 들어가는 구멍에다 낳아. 알을 다 낳고 나면 알관은 다시 몸 속으로 쏙 들어간단다.

각시붕어 수컷은 이런 암컷을 보면 온몸이 예쁜 색으로 변해. 좀 어려운 말로 '혼인색'이라고 하는데, 혼인색을 띤 수컷을 보면 정말 화려하고 예쁘거든. 세상에 이렇게 예쁜 물고기가 있었나 싶을 만큼 말이야. 수컷은 이렇게 몸 빛깔을 바꾸고, 자식 낳을 때가 되었다는 신호를 암컷에게 보내는 거야. 나름대로 건강하고 예쁜 짝을 고르는 거지.

또 그때가 되면 수컷은 조개를 놓고 텃세를 부리기 시작해. 다른 수놈이 다가오면 휙 달려가서 주둥이로 밀어내는 거야. 그래도 안 되면 박치기를 해서라도 쫓아내 버린단다. 하지만 마음에 드는 암컷이 나타나면 꼬리를 살랑살랑 흔들고 몸을 이리저리 비틀면서 조개가 있는 곳으로 이끌고 가. 어떻게든 제 자손을 퍼뜨리려는 자연스러운 모습이지.

자, 봐. 드디어 암컷이 조개 가까이로 조심조심 다가가고 있어. 그러고는 알관을 구멍에 넣고 알을 낳기 시작하네. 쉽지 않아 보이는데도 정확하게 작은 구멍에다 꽂아 넣었어. 알을 낳자마자 수컷이 조개

에 달려들었어. 수컷은 구멍에다 정자를 뿌리고, 구멍으로 들어간 정자가 조개 안에서 알이랑 수정을 하는 거지.

알은 딱딱한 껍데기로 덮인 조개 몸 속에서 조금씩 자란단다. 조개가 엄마가 되어서 각시붕어 알을 키우는 거야. 그리고 한 달쯤 지나면 어린 각시붕어가 되어서 조개 밖으로 나오는 거지.

조개가 알을 지켜 주니까 어린 각시붕어는 다른 물고기한테 잡아먹힐 걱정이 없어. 고스란히 다 커서 나올 수 있는 것이란다. 얼마나 지혜롭게 되었는지 보면 볼수록 놀라울 따름이야. 강물 속에는 조개를 통째로 잡아 삼키는 동물이 하나도 없으니까.

그래서 각시붕어는 알을 적게 낳아. 돌 밑이나 물풀에 다닥다닥 붙여 낳는 다른 물고기들하고는 많이 다르지. 낳은 알이 거의 다 살아 나오니까 많이 낳을 필요가 없잖아.

조개가 떠나면 각시붕어도 떠나

자, 이번에는 조개가 각시붕어한테 신세를 질 차례야. 옛이야기 속 은혜 갚은 까치처럼 얻은 것이 있으면 그만큼 베푸는 것이란다.

이게 바로 함께 사는 지혜야. 너희도 다 아는 것처럼, '공생'이란 서로 도움을 주고받으며 사는 것을 말하니까. 그러고 보니 각시붕어하고 조개가 비슷한 때에 알을 낳는 것도 참 재미있는 사실이네.

봐, 조개들 가운데도 각시붕어 없이는 못 사는 친구들이 있어. 자기가 낳은 알을 각시붕어의 지느러미나 아가미에 찰싹 붙이는 친구들이 있는 거야. 민물에 사는 그들은 누구일까? 말조개도 있고, 펄조개도 있고, 두드럭조개도 있어.

참으로 신기하고 놀라운 일이야. 각시붕어는 조개에다 알을 낳고, 조개는 새끼를 각시붕어 몸에다 찰싹 붙이고……. 도대체 누가 그렇게 하도록 가르쳐 주었을까?

각시붕어가 조개 구멍에 알을 낳는 순간, 조개도 자기 알을 구멍으로 냅다 내뿜어 버려. 알아듣기 쉽게 조개의 '알'이라고 했지만, 사실은 조금 자란 '어린 조개'라고 하는 게 더 맞을 것 같아. 어린 조개는 벌써 껍데기도 두 장 생겼고, 껍데기 끝에는 아주 날카로운 갈고리가 달려 있거든. 그 갈고리로 각시붕어의 몸을 콕 찍어 달라붙는 거지.

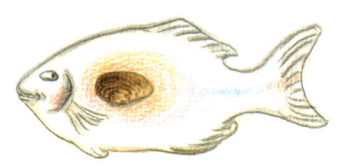

거기서 끝나는 게 아니야. 어린 조개는 각시붕어의 살 속에다 뿌리를 박고 피를 빨아먹으면서 자라는 거야. 어림잡아 한 달 동안 붙어 살다가 좀 더 자라면 강바닥에 툭 떨어진단다. 각시붕어한테 먹을 것을 얻어 자란 것도 고마운 일인데, 조개는 각시붕어한테 한 가지를 더 고마워해야 돼. 그게 뭘까?

조개는 몸이 굼뜨니까 멀리까지 움직이지 못하잖아. 그러니까 어디든 오갈 수 있는 각시붕어하고 있으면 먼 데도 가서 자손을 퍼뜨릴 수 있는 거지. 마치 민들레 씨앗이 바람을 타고 멀리멀리 날아가는 것처럼 말이야. 어떤 생물이든 자손을 많이 낳아 더 멀리 보내려 들거든.

하지만 각시붕어와 조개가 서로 돕고 사는 데도 조금씩 양보하는 마음이 필요하단다. 각시붕어가 조개 몸에 알을 너무 많이 낳으면 조개는 무척 숨이 찰 거야. 알을 낳는 데가 조개의 아가미니까 숨 쉬는 게 힘들어질 수도 있지 않겠니?

조개도 마찬가지야. 각시붕어 몸에 어린 조개가 너무 많이 붙으면, 각시붕어는 양분을 모두 빼앗겨서 죽을지도 몰라. 또 상처가 생긴 곳으로 나쁜 병균이 들어와서 몸을 상하게 할 수도 있으니까 말이야.

각시붕어와 조개, 그 둘은 서로에게 아무나 소중하단다. 어느 하나가 사라지면 둘 다 제 자손을 퍼뜨리지 못하고 이 땅에서 사라질 테니 말이야.

　강물에 조개가 없으면 각시붕어도 없어. 물이 더러워져서 각시붕어가 강을 떠나면 조개도 뒤따라서 어디론가 사라질 거야.

　알고 보면 우리도 서로 도우면서 살고 있어. 각시붕어하고 조개가 함께 사는 것처럼 서로에게 꼭 필요한 사람이 되기를 바라면서 말이야. 그렇지 않니?

논 이야기

논에는 벼와 풀만 사는 게 아니라, 셀 수 없이 많은 생명이 와글와글
살고 있어. 논이 있어서 생명들이 살아갈 수 있는 거지.
엄마 품이 넓고 따뜻한 것처럼,
논이 엄마 품이 되어서 생명들을 살아가게 하는 거야.

논 하면 누가 뭐래도 쌀밥 생각이 나지. 호랑이 담배 피우던 시절부터 지금까지, 우리 겨레라면 누구나 마찬가지일 거야. 밥을 남기면 안 된다는 것도 그만큼 귀하니까 그랬을 테지. 오죽하면 옛 어른들은,

"쌀을 밟으면 발이 비뚤어진다!"

"흘린 밥알을 쥐나 새가 먹으면 어머니가 죽는다!"

라고 그랬을까?

그래, 밥은 귀하고 날마다 먹어도 질리지 않아. 밥은 쌀이 있어야 지을 수 있어. 쌀은 벼 껍질을 벗겨 낸 알맹이지. 그럼 벼는 어디서 자랄까?

맞아, 바로 논이야. 논이 벼를 키운단다. 우리에게 밥을 주는 논, 논에는 어떤 이야기가 들어 있을까?

가장 흔한 것이 가장 귀한 것

도시에서 조금만 나가도 논은 흔히 볼 수 있어. 그럼 우리 곁에 흔하다는 것은 별것 아니라는 뜻이 될까?

물론 아니겠지. 하느님은 세상에서 가장 귀한 것을 가장 흔하게 만드셨단다. 민들레도, 꿀벌도, 나비도, 개미도, 베짱이도 다들 건강하

게 살 수 있게 말이야. 우리들한테도 마찬가지야. 누구라도 행복하게 살 수 있도록 우리 몸에 좋은 것은 모두 흔하게 만드셨거든.

조금만 생각해 보면 알 수 있어. 지구에서 생명이 살아가려면 가장 흔한 것이 가장 소중하다는 것을 말이야. 그게 뭘까?

그래, 바로 공기를 말하지. 물을 말하고, 흙을 말해. 어디 그뿐일까? 햇볕도 있고, 바람도 있어. 풀도 있고 나무도 있잖아.

어때, 날마다 보고, 느끼고, 만질 수 있지만, 단 하루라도 없으면 안 될 귀한 것들이지?

논 역시 마찬가지야. 누구나 알고 있고 조금만 나가도 흔하게 보이지만, 없어서는 안 되는 보물인 것이지.

논을 왜 보물이라고 하는지, 우리네 농부들은 잘 알고 있단다. 날마다 먹어도 질리지 않는 밥처럼, 그저 바라보고만 있어도 배가 부르다는 걸 보면 말이야.

이 세상에 쓸모없는 것은 없어

논은 너희가 태어나기 전부터, 너희들 아버지의 아버지, 할아버지의 할아버지가 태어나기 전부터 우리 곁에 있었어. 앞으로도 그럴 테고, 조상님 목숨을 지켜 준 것처럼 우리 목숨도 지켜 주겠지. 그래서 옛 어른들은,

"기분이 언짢은 날에는 논에 가면 안 된다. 몸이 지친 날에도 논에는 가지 마라."

이렇게 말씀하셨는지 몰라. 함부로 대해서는 안 되니까, 논이 사람만큼 귀하니까 그랬을 테지.

논이 귀한 까닭은 그 밖에도 많아. 우리에게 밥을 주기 때문만은 아니라는 말이지.

논이란 물을 대서 벼를 심어 가꾸는 땅을 말해. 봄부터 가을까지, 벼는 논에서 물을 먹고 쑥쑥 자란단다. 봄에 땅을 갈고 모를 심으면, 논에는 오로지 벼만 자라는 게 아니야. 누가 씨를 뿌린 것도 아닌데, 온갖 풀이 제 세상을 만난 듯 올라오거든.

그뿐만이 아니야. 논에는 벼와 풀만 사는 게 아니라, 셀 수 없이 많은 생명이 와글와글 살고 있어. 메뚜기도 살고 거미도 살아. 잠자리도 살고, 무당벌레도 살지. 먼 길을 가다 날개를 쉬는 왜가리도 보이고 두루미도 보여.

그럼 물 속에는 누가 살까?

올챙이도 살고, 개구리도 살아. 미꾸라지도 살고, 우렁이도 살지. 헤엄 잘 치기로 소문난 물방개도 보이고, 소금쟁이는 물 위를 쏜살같이 내달리고 있어.

봐. 논이 있어서 생명들이 살아가는 거야. 엄마 품이 넓고 따뜻한 것처럼, 논이 엄마 품이 되어서 생명들을 살아가게 하는 거야.

벼를 갉아먹고 사는 바구미도, 벼 줄기를 파먹는 벼멸구도 빠질 수 없어. 그들도 논의 식구로 한몫을 차지하고 사는 친구들이니까. 벼를 먹고 산다니까 해롭다고 하지만, 이롭다거나 해롭다는 건 모두 사람들이 지어 낸 말일지 몰라. 이 세상에 쓸모없는 것이란 아무것도 없으니까.

　바구미나 벼멸구는 무당벌레가 좋아하는 먹이가 된단다. 거꾸로 말하면, 무당벌레가 살려면 바구미도, 벼멸구도 살아야 된다는 말이지. 모두 마찬가지야. 무당벌레가 살아야만 사마귀하고 거미도 살 수 있어. 사마귀하고 거미가 살아야 또 다른 친구들이 살아갈 수 있는 거지. 이 땅에 사는 새들이, 큰 동물과 작은 동물이, 그리고 우리들이 마음놓고 살려면 반드시 작은 벌레들이 먼저 살아야 한단다.
　그래, 이 세상에 쓸모없는 것이란 아무것도 없어. 벌레들이 살아야 새가 살고, 또 새들이 살아야 사람도 산다는 옛 어른들 말씀처럼 말이야.

겨레의 혼이 깃든 곳, 논

그래서 겨레의 혼이 깃든 곳이 바로 논이야. 울고 웃으면서, 수천 년 동안이나 논과 더불어 살아왔으니까. 옛 어른들 말씀엔 이런 것도 있단다.

"한해만 농사를 쉬어도 논 한가운데 바윗덩이가 생긴다."

무슨 뜻일까?

말할 것도 없이 그만큼 부지런해야 된다는 뜻이겠지. 우리는 밥을 먹어야 사는 민족이니까, 논농사가 그만큼 소중하다는 뜻일 거야. 그러니 무슨 일이 있어도 논농사를 그만두면 안 된다는 뜻이 들어 있어. 오죽하면 '망초(莽草)'라는 꽃 이름이 다 생겼을까? '망(莽)'에는 '망한다'는 뜻이 들어 있단다. 옛 어른들은 가꾸지 않은 논밭에 망초가 가득 덮이면 나라가 망할지 모른다고 꺼렸거든.

그럼 요새처럼 농사짓는 일이 먹고살기조차 힘든 일이 된다면 어떻게 될까? 그래서 농부가 논을 떠나면 어떤 일이 벌어질까?

우리가 논을 버리면, 그래서 논이 우리 곁에서 사라진다면, 나라를 잃는 것만큼 슬픈 일이 생길지도 몰라. 나라를 빼앗긴다는 것이 얼

마나 힘들고 슬픈 일인지 짐작이 되니? 나는 우리 겨레가 일본에게 나라를 빼앗겼을 때 얼마나 어렵게 살았는지 많이 듣고 자랐단다. 다시는 그런 일이 생겨서는 안 되고말고.

그런데 우리 땅에 농사짓는 농부가 없고, 논이 없고, 거기서 나오는 쌀이 없으면 우리는 무얼 먹고 살까? 그래도 밥을 먹어야만 살 수 있으니까 다른 나라에 가서 쌀을 사 와야 되겠지. 다른 나라 사람이 부르는 값을 다 주면서 사다가 먹어야겠지.

만약에 달라는 것을 다 줘야만 쌀을 팔겠다면 어떻게 할까? 터무니없이 나라를 달라고 하면 우리는 어떻게 되지?

그러니 농사를 짓는다는 것은 생명을 살리는 일이나 다름없어. 우리가 살도록 밥을 주고, 수많은 생명이 어우러져 살도록 엄마처럼 따

뜻하게 보듬어 주잖아. 그래서 옛 어른들은 농사짓는 일이야말로 하늘 아래 으뜸가는 일이라고 그랬을 테지.

우리 논에서, 우리 농부가 정성껏 키운 쌀은 그만큼 귀하단다. 논이 귀하고, 사람이 귀하고, 논에 사는 온갖 생명이 다 귀한 것처럼, 그 쌀로 지은 밥 한 그릇은 무엇과도 바꿀 수 없을 만큼 소중한 것이야.

우리는 그런 밥을 먹어야 더불어 잘 살 수 있어. 바로 논을 살리고, 농부를 살리고, 나와 우리 겨레를 살리는 일이 되는 것이니까.

지은이

이현주
1944년 충북 청주에서 태어났습니다. 감리교 신학대학을 졸업했고, 열아홉 살 때 이원수 선생님의 추천을 받아 동화를 쓰기 시작했습니다. 지금껏 목사로서, 번역가이자 수필가로서, 그리고 《바보 온달》《외삼촌 빨강 애인》《육촌 형》 들을 쓴 어린이 책 작가로서 많은 일을 하며 살았습니다.

원경선
원경선 할아버지는 흙과 더불어 사는 농부입니다. 1914년에 태어났는데, 지금도 하루에 여덟 시간씩 '풀무원' 농장 논밭에 나가 일하고 있습니다. 농약이나 제초제를 쓰지 않는 바른 농사, 무엇이든 가난한 이들과 나누는 넉넉한 삶, 그리고 전쟁과 공해가 없는 세상을 일구며 한평생 살아왔습니다.

임재해
1952년 경북 안동에서 태어나 안동대학교에서 민속학을 가르쳤습니다. 오랫동안 우리 민속학을 연구하면서 200편이 넘는 논문을 발표했습니다. 온 생명이 더불어 잘 살 수 있는 길을 우리 겨레가 살아온 전통 문화 속에서 찾고 있습니다.

이상대
1958년 충주에서 태어나 홍익대학교 국어교육과를 졸업했고, 1989년 전교조 활동으로 해직되었다가 1994년에야 학교로 다시 돌아왔습니다. 자연을 사랑하는 국어 선생님으로 아이들을 가르쳤습니다.

권오길

경남 산청에서 태어나 서울대학교 생물학과를 졸업했습니다. '달팽이 박사'로 유명한 과학자로서 강원대학교에서 학생들을 가르쳤습니다. 이제 어린이에게 눈을 돌려 오묘한 생명의 세계를 전하고자 애쓰고 있습니다.

서정홍

1958년 경남 마산에서 태어났습니다. '우리농촌살리기운동본부'에서 무너져 가는 우리 농촌과 오염된 환경을 살리는 '생명공동체운동'을 하면서, 해마다 생태귀농학교를 열고 있습니다. 오랫동안 시를 써 왔고, 어린이를 위한 동시집 《윗몸일으키기》와 《우리 집 밥상》을 펴냈습니다.

그린이

임종길

1963년생. 충북대학교 미술교육과를 졸업했습니다. 30년 미술 교사로 근무하며 학생들과 화단, 연못을 만들며 학교를 생태적인 공간으로 만드는 활동과 환경 교재개발에 힘을 쏟았습니다. 화가로서 여덟 번의 개인전을 열었고, 주로 생명, 자연, 인간과 관련한 주제로 작업을 하고 있습니다.